AF357258

# VOCABULAIRE

DES

# TERMES D'HISTOIRE NATURELLE

*( Animaux et plantes )*

DANS LES

Dialectes tahitien, tuamotu, mangarévien et marquisien [1]

---

# A

**Aarau** (*tah.*), murène (*Ophichthys colubrinus* Bodd).

**Aavere** (*tah.*), *Fistularia serrata* Cuv., poisson de la famille des *Gastrosteidae.*

**Aeho** (*tah.*), roseau (*Erianthus floridulus*).

**Ahi** (*tah.*), mollusque comestible, abondant à Tahiti (*Asaphis deflorata* L.).

**Ahi** (*tah.*), santal.

**Ahia** (*tah.*), eugénier (*Eugenia malaccensis*, Myrtacées).

**Ahura** (*tah.*), espadon (*Histiophorus*).

**Aie** (*tah.*), arbrisseau très commun sur les îles basses (*Pemphis acidula* Forster, Lythracées).

**Akahitaka** (*mang.*), noix de coco dont l'eau est bonne à boire ; voir *viavia.*

**Ako** (*mang.*), poisson de roche, dont la chair est excellente (*Serranus hexagonatus* Forster).

**Akura** (*tuam.*), espadon.

---

1. Les noms de ce vocabulaire sont suivis des indications du dialecte auxquels ils se rapportent : *tah.*, dialecte tahitien ; *mang.*, dialecte mangarévien ; *tuam.*, dialecte des indigènes de l'archipel des Tuamotu ; *nuh.*, dialecte marquisien (Nuka-hiva).

1

**Ama** (*nuh.*), noix de bancoul (*Aleurites moluccana*).

**Anae** (*tah.*), mulet (poisson de mer).

**Anee** (*tah.*), crustacé (*Ibacus*).

**Anei** (*tah.*), arbre dont les feuilles servent à la préparation du *monoi*, huile parfumée (*Fitchia nutans*, Composées).

**Anga** (*mang.*), poisson vénéneux (*Serranus Louti* Forskal).

**Aoa** (*tah.*), banian (*Ficus prolixa* Forst).

**Apai** (*tah.*), poisson de mer (*Diacope gibba* Forsk.).

**Ape** (*tah.*), aroïdée à tubercule alimentaire (*Alocasia macrorhiza* Schott.).

**Api** (*tah.*), valves de la coquille d'un Mollusque bivalve.

**Apiparau** (*tah.*), valve d'huître perlière.

**Apota** (*tah.*), avocatier (*Persea gratissima* L., Laurinées). Fruit comestible.

**Ara** (*mang.*), pandanus.

**Arahi** (*tah.*), corbeille tressée avec des folioles de cocotier.

**Arava** (*tah.*), céphalopode.

**Atae** (*tah.*), arbre à fleurs rouges (*Erythrina indica* Lamk.).

**Ati** (*tah*), arbre de grande taille, qui donne un bois excellent pour l'ébénisterie (*Calophyllum inophyllum*, Clusiacées).

**Atiati** (*tah.*), râcle, herbe de la famille des graminées, dont les graines s'attachent aux vêtements (*Cenchrus echinatus*); voir *piripiri*.

**Atiatia** (*tah.*), poisson de mer (*Upeneus macronemus* Lacép.).

**Atu** (*nuh.*), bonite, poisson de haute mer.

**Au** (*tuam.*), instrument en os de baleine, servant pour la confection des toits en feuilles de pandanus.

**Aû** (*tah.*), *Belone*, poisson à bec très allongé, qui produit en s'élançant, hors de l'eau, sur le pêcheur, des blessures souvent mortelles.

**Au** (*tah.*), Aplysie.

**Au fenua** (*tah.*), mollusque terrestre (véronicelle).

**Aua autaraa** (*tah.*), badamier (*Terminalia glabrata catalpa*).

**Auato** (*tuam*), aiguille en os de baleine, utilisée pour coudre ensemble les *rauoro* ou bardeaux en feuilles de pandanus.

**Auhopu** (*tah.*), *Thynnus pelamys* L., poisson de haute mer.

**Aukatakata** (*mang.*), guirlande en graines de pandanus.

**Aupikitavake** (*mang.*). couronne faite avec des plumes de paille-en-queue, ou oiseau des Tropiques.

**Aurumokoe** (*mang.*), couronne faite avec des plumes de frégate.

**Autaraa** (*tah.*), arbre (*Terminalia glabrata*).

**Aute** (*tah.*), rose de Chine (*Hibiscus rosa-sinensis*, Malvacées).

**Aute** (*tah.*), *Broussonctia papyrifera* Venten.

**Auti** (*tah.*), feuilles du *ti* (*Cordyline terminalis*).

**Ava** (*tah.*), arbrisseau dont les racines servaient autrefois à la préparation d'une boisson énivrante (*Piper methysticum* L.).

**Ava** (*tah.*), poisson de mer (*Chanos salmoneus* Forster).

**Avaava** (*tah.*), tabac.

**Aviti auhopu** (*tah.*), hameçon en nacre, pour la pêche de la bonite.

# E

**Eai** (*mang.*), raie (poisson).

**Eai manu** (*mang.*), raie aigle (*Aëtobatis narinari* Euphr.

**Ehi** (*nuh.*), cocotier.

**Eiei** (*tah.*), Poisson de mer (*Holocentrum diadema* C. V.).

**Eke** (*mang.*), poulpe.

**Emoi** (*tah.*), poisson de mer (*Polynemus plebeius* Brouss.).

**Enuhe** (*mang.*), chenille.

**Erei** (*mang.*), cocotier.

**Ereiakahitihiti** (*mang.*), noix de coco qui commence à mûrir (voyez *omoto*.)

**Ereigoa**[1] (*mang.*), coco sec.

**Ereitupu** (*mang.*), noix de coco germée.

**Erere** (*tuam.*), écale de la noix de coco.

**Eriri** (*mang.*), Gastéropode comestible (*Turbo setosus* Gmelin).

**Erero** (*mang.*), madrépore branchu.

---

1. Le *g*, en langue mangarévienne et en langue tuamotu, se prononce *ng*.

**Ete** (*tah.*), corbeille tressée avec des folioles de cocotier.

**Etu** (*mang.*), étoile.

**Etuke** (*mang.*), oursin à gros piquants (*Heterocentrotus mamillatus*).

**Etukokiri** (*mang.*), étoile filante.

**Etupeka** (*mang.*), croix du sud (constellation).

**Eva** (*nuh.*), arbre à fruit vénéneux (*Cerbera odollam* Gaertn., Apocynées).

# F

**Fafarua** (*mang.*), raie de très grande taille (diable de mer).

**Fakarau** (*tuam.*), hameçon à tortue.

**Fakerokero** (*tuam.*), murène de petite taille, brune.

**Fanea** (*tuam.*), aiguillette, poisson de mer (*Hemiramphus*).

**Fara** (*tah.*), pandanus.

**Fara papaa** (*tah.*), ananas.

**Fare toru** (*tah.*), crustacé qui vit dans le sable (*Calappa tuberculaca*).

**Fau** (*tah.*), arbuste (*Hibiscus tiliaceus* L.).

**Fee** (*tah.*), poulpe.

**Fei** (*tah.*), bananier sauvage qui pousse sur les flancs des montagnes.

**Fetia** (*tah.*), étoile.

**Fetia no te miti** (*tah.*), étoile de mer.

**Fetu** (*tah. ancien*), étoile.

**Fetue** (*tah.*), oursin (*Heterocentrotus mamillatus*).

**Fetuke** (*tuam.*), voir *fetue*.

# G[1]

**Gairo** (*mang.*), ver qui perce le bois.

**Gaofe** (*tuam.*), feuille de cocotier.

**Gatae** (*tuam.*), arbre (*Pisonia umbellifera*).

---

1. Prononcer *ng*. Cette lettre n'existe pas dans le dialecte tahitien.

**Gatae** (*mang.*), arbre (*Erythrina indica*).

**Gatapa** (*tuam.*), arbrisseau (*Scævola Königi*); voir *kopapa*.

**Gegie** (*mang.*), arbrisseau (*Suriana maritima* L.).

**Geogeo** (*tuam.*), arbre (*Tournefortia argentea* L., Borraginées).

**Goio** (*tuam.*), oiseau de mer (*Anous stolidus* L.).

**Gora haiko** (*tuam.*), coco sec.

**Gora ura** (*tuam.*), coco mûr.

**Gutu** (*tuam.*), pou (insecte).

**Gutura** (*mang.*), poisson de mer (*Lethrinus rostratus* C. V.).

# H

**Haamea** (*tuam.*), poisson vénéneux (*Epinephelus louti* Bloch et Schneider).

**Hakahau** (*tuam. ancien*), février, mois des fortes chaleurs.

**Haoua** (*nuh.*), diable de mer, raie de très grande taille.

**Hapu** (*tah.*), poisson de mer.

**Hapuku** (*mang.*), poisson de mer.

**Hara** (*mang.*), pandanus.

**Hatuke** (*nuh.*), oursin (*Heterocentrotus mamillatus*).

**Hau** (*nuh.*), arbuste (*Hibiscus tiliaceus* L.).

**Haumi** (*tuam.*), écope pour vider l'eau de la pirogue.

**Havake** (*tuam.*), oursin (*Laganum depressum* Less.).

**Haveke** (*tuam. nouveau*), pirogue.

**He** (*tah.*), chenille.

**Hehe** (*mang.*), phasme qui mange les feuilles du cocotier.

**Heke** (*mang.*), poulpe.

**Hemahema** (*tah.*, *tuam.*), physalies, animaux marins rejetés sur le rivage, et dont les femmes ornent leur chevelure.

**Hetika** (*tuam.*), étoile.

**Hetu** (*Reao*), étoile (yeux d'hommes).

**Hihi** (*tah.*), nérites (Gastéropodes marins).

**Hihi pape** (*tah.*), petits gastéropodes fluviatiles (*Melania gracilina* Gould).

**Hitiki no Hina** (*tuam.*), synapte (ceinture d'Hina).

**Hora** *(tah.)*, plante utilisée pour anesthésier le poisson (*Tephrosia piscatoria* Pers.)

**Horahora** *(tuam.)*, *Lepidium piscidium*.

**Huara** *(tuam. ancien)*, pandanus.

**Hue** *(tah.)*, poisson de mer (*Tetrodon leopardus*).

**Huhu** *(tah.)*, hyménoptère qui perfore le bois, et y établit ses galeries.

**Huhu** *(tuam.)*, arbrisseau (*Suriana maritima* L.).

**Hukurere** *(tuam.)*, crabe terrestre (tourlourou).

**Hume** *(tah.)*, poisson de mer, portant une corne sur le front (*Nason fronticornis* Comm.).

**Humi** *(tah., tuam., mang.)*, phoque.

**Huniu** *(tah,)*, fleurs du cocotier.

**Huruhurumahu** *(mang.)*, annélide marine, à soies très urticantes (amphinome).

**Hutu** *(tah., mang., nuh.)*, arbre du littoral (*Barringtonia speciosa* Forster, Myrtacées).


# I


**Ia** *(tah.)*, poisson (nom général).

**Ieie** *(tah.)*, plante grimpante, dont on se sert en guise de lien (*Freycinetia demissa*, l'andanées).

**Ihe** *(tah., mang., marq.)*, aiguillette, poison de mer à long bec (*Hemiramphus*).

**Iihi** *(tah.)*, poisson de mer (*Myripristis murdjan* Forsk.).

**Iita** *(tah.)*, papayer.

**Ika** *(mang.)*, poisson (nom général).

**Ika** *(Reao)*, poisson.

**Inamaukoro** *(mang.)*, aplysie.

**Iniini** *(mang.)*, sauterelle.

**Iore** *(tah.)*, rat.

**Iorepereaau** *(Iles Cook)*, chauve-souris.

**Ioro** *(mang.)*, huître perlière.

**Iro** *(mang.)*, ver (larve).

**Iroiro** (*Reao*). (nom ancien), bonite.

**Itatae** (*tah.*), Sterne blanche (*sterna alba* Sparrm.)

**Itikoe** (*mang.*), Pigeon noir (*Phlegoenas pectoralis* Peale).

## K[1]

**Kaevaeva** (*nuh.*), coucou (*Eudynamis tahitensis* Sparm).

**Kafifa** (*tuam.*), millépore.

**Kagakaga** (*tuam.*), cénobite, bernard l'ermite terrestre.

**Kaha** (*mang.*), envelope fibreuse externe de la noix de coco.

**Kahi** (*tuam.*), mollusque bivalve (*Venus reticulata* Linné).

**Kahia** (*tuam.*), arbre (*Guettarda speciosa*).

**Kahikahika** (*tuam.*), fungie (coralliaire).

**Kaka** (*mang.*), gaîne fibreuse qui se trouve à la base des feuilles du cocotier.

**Kakaa** (*nuh.*). gecko (*Gehira oceanica* Lesson).

**Kakakuru** (*tuam.*), murène (*Ophichthys*).

**Kakama** (*mang.*), crabe du littoral.

**Kakariuri** (*tuam.*), remora (*Echeneis remora* L.).

**Kakavere** (*tuam.*), poisson de mer (*Fistularia serrata*).

**Kakioa** (*nuh.*), fou, oiseau de mer (*Dysporus sula* L.).

**Kana** (*mang.*), madrépore, coralliaire.

**Kanae** (*mang.*), mulet, poisson de mer.

**Kanameneo** (*mang.*), millépore (corail venimeux).

**Kanapiro** (*mang.*), *Lobophytum*, alcyonaire (corail qui sent mauvais).

**Kanehu** (*tuam.*), hameçons (nom général).

**Kanoe** (*tuam.*), poulpe.

**Kanoe no Hina** (*tuam.*), étoile de mer.

**Kaparari** (*tuam.*), haliotide, oreille de mer (*Haliotis pulcherrima* L.).

**Kapikapi** (*tuam.*), chame, mollusque.

**Karava** (*tuam.*), enveloppe fibreuse externe de la noix de coco.

**Karearea** (*tuam.*), pterocère, mollusque comestible.

---

1. Le k n'existe pas dans le dialecte tahitien; beaucoup des mots tahitiens dérivent des mots des autres dialectes par la suppression de cette lettre; exemple *ahi* et *kahi*, *ia* et *ika*, etc.

**Kariga** (*tuam.*), fou (*Disporus*), oiseau de mer.

**Kava** (*nuh.*), *Piper methysticum*.

**Kaveka** (*tuam.*), hirondelle de mer (*Sterna lunata* Peale).

**Kaveke** (*mang.*), les huit bras du poulpe.

**Kaveu** (*tuam.*), crabe des cocotiers (*Birgus latro* L.).

**Kaviti ahuopu** (*tuam.*), hameçon en nacre, pour la pêche des bonites en haute mer.

**Kavitiviti** (*mang.*), crabe de sable (*Ocypoda Urvillei* Guérin).

**Keakea** (*tuam.*), petites méduses brunes (*Nausithoë*), très urticantes, abondantes dans les lagons en novembre et décembre.

**Kehika** (*mang.*), eugénier (*Eugenia malaccensis*).

**Keho** (*nuh.*), basalte.

**Keho** (ou **Keo**), (*mang.*), pierre basaltique, dure et coupante, propre à faire des haches.

**Keho** (*tuam.*), pierre sacrée du *marae*.

**Keiga** (*tuam.*), os.

**Kena** (*nuh.*), *Dysporus piscator* Linné, oiseau de mer.

**Kenae** (*nuh.*), *Erythrina indica* L.

**Kere** (*tuam.*), gaine fibreuse, à l'aisselle des feuilles du cocotier.

**Kererau** (*tuam.*), spadice de l'inflorescence du cocotier.

**Kerikeri** (*tuam. ancien*), huître perlière.

**Kero** (*tuam.*), panier tressé avec des folioles de cocotier.

**Keuhe** (*nuh.*), pluvier (*Charadrius fulvus* L.), oiseau des plages.

**Kikoioro** (*mang.*), muscle adducteur des valves de l'huître perlière (comestible).

**Kioe** (*nuh.*), rat.

**Kiore** (*mang.*, *tuam.*), rat.

**Kirarahu** (*tuam.*), hirondelle de mer blanche (*Sterna alba* Sparrm).

**Kito** (*tuam.*), poisson de mer.

**Kivi** (*tuam.*), courlis (*Numenius femoralis* Peale).

**Kivi** (*mang.*), courlis.

**Kivi** (*nuh.*), chevalier, oiseau des plages (*Actitis incanus* L.).

**Koeha** (*tuam.*), chair des tridacnes.

**Koere**[1] (*mang.*), anguille d'eau douce (*koere*, qui rampe sur le sol).

**Koeriki** (*mang.*), arbre (*Terminalia glabrata*).

**Kohai** (*tuam.*), arbuste (*Sesbania grandiflora* Pers.).

**Kohiti** (*tuam.*), crabe de sable (*Ocypoda Urvillei* Guérin).

**Kohitihiti** (*tuam.*), crevette.

**Kohoro** (*tuam.*), amande du fruit du pandanus.

**Kohuerei** (*mang.*), feuille du cocotier.

**Koioho** (*nuh.*), sterne (*Anous stolidus* L.).

**Koiro** (*mang., tuam.*), Fierasfer, petit poisson commensal de l'huître perlière et des holothuries.

**Koiru** (*tuam.*), anguille.

**Kokikokiko** (*tuam.*), oiseau chanteur (*Tatare longirostris* Gmelin).

**Kokiri** (*mang.*), *Balistes* (poisson).

**Kokohi** (*tuam.*), pierre corallienne.

**Kokorohua** (*tuam.*), poisson du littoral.

**Kokota** (*mang.*), mollusque (*Pinna*).

**Kokuu** (*nuh.*), *Ficus tinctoria*.

**Komaga** (*tuam.*), langouste.

**Komako** (*nuh.*), oiseau chanteur (*Tatare longirostris* L.),

**Komene** (*tuam.*), poisson de mer (*Caranx affinis*).

**Komo** (*tuam.*), eau.

**Komoviavia** (*tuam.*), eau de coco, bonne à boire.

**Komuko** (*mang.*), voir *mukomuko*.

**Konao torire** (*tuam.*), pierre ponce.

**Konini**[2] (*mang.*), plante utilisée pour endormir le poisson (*Tephrosia piscatoria*).

**Koomi** (*nuh.*), puce.

**Kopapa** (*mang.*), crustacé comestible (*Ibacus*).

**Kopapa** (*tuam.*), arbrisseau (*Scoevola Koenigi*).

**Kopeka** (*nuh.*), salangane (*Salangana fuciphaga* Bp.).

---

1. *Koere*, en mangarévien, signifie misérable; on nomme ainsi un homme qui se bat avec une femme.

2. *Nini* signifie sommeil, en mangarévien; le nom de *Konini* fait allusion à la propriété qu'a cette plante d'endormir le poisson.

**Kopihi** (*mang.*), coquillage, nom générique.

**Kopihitakoïko** (*mang.*), nérite (*Nerita maxima*) ; mot à mot, coquillage tatoué.

**Kopihitonga** (*mang.*), patelle (*Helcioniscus tahitensis*) ; acmée (*Acmaea costata* Sowb.).

**Kopura** (*mang.*), poisson très petit, qu'on ne mange pas.

**Kopuraitiiti** (*mang.*), talitres, puces de mer (*Orchestia Mackleagani*).

**Koputu** (*nuh.*), (*Daption capensis* L.).

**Koraï** (*tuam.*), chétodonte (*Chœtodon setifer* Bloch.).

**Koranihi** (*tuam.*), crevette.

**Korora** (*tuam.*), Lamellibranches : *Asaphis deflorata* L., *Pecten pallium* S., tellines.

**Korori parau** (*tuam.*), muscle adducteur des valves de l'huître perlière.

**Kotaha** (*tuam.*), frégate, oiseau de mer.

**Kotava** (*nuh.*), (*Pecten pallium* L.).

**Kotake** (*nuh.*), oiseau de mer (*Gygis alba* L.).

**Kotake** (*mang.*), hirondelle de mer blanche,

**Kotohe** (*tuam.*), *Balistes* de grande taille (poisson).

**Kotuku** (*tuam.*, *mang.*), héron crabier (*Ardea sacra* Gmelin).

**Koua** (*nuh.*), langouste.

**Koueriki** (*mang.*), *Terminalia glabrata*.

**Kouko** (*tuam.*), marsouin (cétacé).

**Koute** (*nuh.*), rose de Chine (*Hibiscus rosa-sinensis* L.).

**Kovakeura** (*mang.*), petite langouste.

**Koveu** (*mang.*), crabe des cocotiers.

**Ku** (*mang.*), poisson de mer (*Myripristis murdjan* Forsk.).

**Kueke** (*tuam.*), racines adventives aériennes du pandanus.

**Kufarufaru** (*tuam.*), *kito* de petite taille (nom ancien).

**Kukina** (*tuam.*), scare, poisson-perroquet.

**Kuku** (*mang.*), pigeon vert (*Ptilinopus coralensis* Peale).

**Kuku** (*nuh.*), tourterelle verte des îles Marquises (*Ptilinopus Dupetitthouarsi* Neboux).

**Kukukuku** (*mang.*), modiole, mollusque comestible (*modiola australis*).

**Kumaa** (*nuh.*), patate douce (*Ipomea batatas* L.).

**Kumara** (*mang., tuam.*), patate douce.

**Kura** (*mang.*), oiseau rouge, dont les plumes servaient à orner le manteau royal.

**Kurearea** (*tuam.*), pterocère (*Pterocera lambis* L.).

**Kutaro** (*tuam.*), baliste.

**Kutu** (*nuh.*), pou.

# M

**Mago** (*tuam., mang.*), requin.

**Maho** (*tah.*), ralle (*Ortygometra tabuensis* Gmel.).

**Maioré** (*tah. nouveau*), fruit de l'arbre à pain.

**Makamaka ohina** (*nuh.*), étoile de mer.

**Makakatifai** (*tuam.*), écaille de tortue.

**Mako** (*nuh.*) requin.

**Makoke** (*nuh.*), frégate, oiseau de mer.

**Mamanukura** (*mang.*), crabe du littoral (*Gelasimus tetragonon* Herbst.).

**Mamatai** (*tah.*), étoile de mer.

**Mamau** (*tah.*), fougère (*Cyathea medullaris*) dont la feuille fournit une paille pour chapeaux.

**Mamao** (*tah.*), gobe-mouche (*Monarcha nigra* Sparrm.).

**Mamea** (*tah.*), murène du récif extérieur.

**Manina** (*tuam.*), raie (poisson).

**Manu aero patia** (*tah.*), scorpion (animal à queue qui pique).

**Manu hamani repo** (*tah.*), pélopée, guêpe maçonne,

**Manu patia** (*tah.*), animal qui pique ; scorpion ; poliste (*Polistes hebraeus* L.).

**Manu peraro** (*tah.*), chauve-souris.

**Mao** (*tah.*), requin.

**Maoa** (*tah.*), gastéropode comestible (*Turbo setosus* Gmelin).

**Mape** (*tah., mang.*), arbre à fruits comestibles, mangés à la façon des chataignes (*Inocarpus edulis*).

**Mapihi** (*tah.*), patelle (*Helcioniscus tahitensis*), mollusque.

**Maragao** (*tuam.*), poisson de mer.

**Marara** (*tah.*, *tuam.*), poisson volant (*Exocoetus cvolans* L.) dactyloptère.

**Maru** (*mang.*), groseille du Cap (*Physalis peruciana* L.).

**Matarii** (*tah.*), les Pléiades (constellation).

**Matariki** (*tuam.*, *mang.*), les Pléiades.

**Mati** (*tah.*), figuier (*Ficus tinctoria* Forst.).

**Matirohe** (*tuam.*), murène vénéneuse.

**Matuku** (*nuh.*), héron crabier (*Ardea sacra* Gmelin).

**Mauku** (*tuam.*). *Lepturus repens* R. Br., (Graminée.)

**Maupere** (*tah.*), *Morus*.

**Mauroa** (*tah.*), paille-en-queue à brins rouges (oiseau des tropiques).

**Maveru** (*tuam.*), baleine.

**Mei** (*mang.*), coquillages bivalves (tellines, *Asaphis deflorata* L.).

**Meia** (*tah.*), banane.

**Meika** (*mang.*), banane.

**Meko** (*tuam.*), poisson (*Lethrinus rostratus* C. V.), vénéneux dans certaines îles.

**Meromero** (*tuam.*), poissons de mer : *Serranus Louti* Forsk. et *Lutjanus argentimaculatus*.

**Mikimiki** (*tuam.*). arbrisseau (*Pemphis acidula* Forst.) à bois très dense et très dur, très commun sur les îles basses.

**Mio** (*nuh.*). faux bois de rose (*Thespesia populnea* Corr.).

**Miri** (*tah.*), basilic (*Ocimum basilicum* L.).

**Miro** (*tah.*, *tuam.*, *mang.*), faux bois de rose (*Thespesia populnea* Corr.).

**Moana** (*mang.*), mer (sens le plus large).

**Mohoi** (*tuam.*), coraux employés pour faire la chaux.

**Mokoe** (*mang.*). frégate (*Tachypetes aquilus* Linné).

**Mokohe** (*nuh.*), frégate.

**Momoa** (*tah.*), coffre (poisson. *Ostracion cornutus* L.).

**Momoaerei** (*mang.*), noix de coco qui tombent à terre avant maturité.

**Momoari** (*tah.*), poisson coffre (*Ostracion cornutus* L.).

**Momohari** (*mang.*), poisson coffre (*Ostracion cubicus* Linné).

**Moo** (*tah.*), scinque à queue bleue ; gecko (*Gehira oceanica* Less.).

**Moko** (*tuam.*), scinque à queue bleue ; gecko.

**Mookirikiri** (*iles Cook*), chauves-souris.

**Mora** (*tah.*), canard sauvage (*Anas superciliosa* Gmel.).

**More** (*tah.*), écorce du *purau* (*Hibiscus tiliaceus* L.), servant de lien.

**Motu** (*tah.*, *tuam.*), îlot corallien boisé et à peine élevé de quelques mètres au-dessus du niveau de la mer.

**Mou hairi** (*tah.*), cypéracée (*Cyperus pennatus* Lamk.).

**Muko** (*tuam.*), bourgeon terminal du cocotier, bon à manger en salade.

**Mukô** (*tuam.*), gastéropode comestible (*Vermetus maximus* Reeve).

**Mukomuko** (*tuam.*), jeune coco

# N

**Namu** (*tah.*), moustique.

**Namu** (*tuam.*), hémiptère marin (*Halobates*).

**Nanué** (*tah.*, *tuam.*), poisson de mer.

**Nape** (*tah.*), poisson de mer.

**Nau** (*nuh.*), aplysie.

**Niaa** (*tah.*), noix de coco avec une pulpe tendre, bonne à manger.

**Niau** (*tah.*), feuille du cocotier.

**Ninita** (*tah.*), papaye (*carica papaya* Gaertn.).

**Niu** (*mang.*), jeune cocotier.

**Niu** (*tuam.*), cocotier.

**Noanoa** (*tah.*), moustique.

**Nohoi** (*tuam.*), *Porites* (coralliaire).

**Nohu** (*tah.*), poisson venimeux (synancée).

**Nohunohu** (*tuam.*), coco germé.

**Nono** (*tah.*, *mang.*), arbuste (*Morinda citrifolia*) à fruit comestible.

**Nono** (*nuh.*), simulie, mouche piquante.

**Nuhe** (*mang.*), chenille.

# O

**Oaha** (*tah.*), fougère (*Asplenium nidus* L.), dont la feuille fournit une paille pour chapeaux.

**Oaki** (*mang.*), oursin (*Heterocentrotus mamillatus*).

**Oeo** (*tah.*), poisson vénéneux dans certaines îles (*Lethrinus rostratus* C. V.).

**Oeoe** (*tah.*), coquillage pointu (*Terebra subulata* L.).

**Ofaitere** (*tah.*), pierre ponce.

**Ohani** (*tuam.*), voir *maoa* (*Turbo setosus* Gmelin).

**Ohiti** (*tah.*), petit crabe de sable (*Ocypoda Urvillei* Guérin) utilisé par les indigènes des Tuamotu pour faire la sauce appelée *taiero*.

**Oi** (*nuh.*), biches de mer (holothuries).

**Oio** (*tah.*), oiseau de mer (*Anous stolidus* L.).

**Oiri** (*tah.*), poisson de mer (*Balistes*).

**Omamao** (*tah.*), voyez *mamao*.

**Omoto** (*tuam.*, *tah.*), noix de coco bonne à boire.

**Onuonu** (*mang.*), crustacé de sable (*Remipes testudinarius*).

**Oo** (*tuam.*), pigeon vert (*Ptilinopus coralensis* Peale).

**Oopea** (*tah.*), hirondelle noire (*Collocalia spodiopygia* Peale).

**Oota** (*tah.*), coquillage bivalve (*Pinna*).

**Oovea** (*tah.*), coucou (*Eudynamis tahitensis* Sparrm.).

**Opaa** (*tah.*), coco sec dont on fait du coprah).

**Oporoporo** (*tuam.*), *Coprosma tahitensis*.

**Opuhi** (*tah.*), *Amomum ceruga*.

**Oraa** (*tah.*), banian (*Ficus prolixa* Forst.).

**Orare** (*tah.*), poisson (*Caranx affinis* Rüppel).

**Oroe** (*tah.*), spathe de l'inflorescence du cocotier.

**Oroherohe** (*tuam.*), spathe du cocotier.

**Otaha** (*tah.*), frégate (oiseau de mer).

**Otatare** (*tah.*), *Halcyon Pealei* Finsch. Hartl.

**Otuu** (*tah.*), héron crabier (*Ardea sacra* Gmel.).

**Oua** (*tah.*), noix de coco dont l'eau est bonne à boire.

**Oua** (*tah.*), marsouin (Cétacé).

**Oura** (*tah.*), crevette d'eau douce (*Palemon lar* Fabr.).

**Oura vaero** *(tah.)*, langouste.

**Ouru** *(tah.)*, arbrisseau *(Suriana maritima* L.).


## P

**Paaihere** *(tah.)*, carangue, poisson de mer.

**Paheke** *(tuam.)*, poisson de mer *(Tetrodon leopardus)*.

**Pahi** *(tuam.)*, grande pirogue double.

**Pahonu** *(tah.)*, écaille de tortue.

**Pahua**, tridacne.

**Pakana** *(tuam.)*, coquille de tridacne (Bénitier).

**Pakaonu** *(mang.)*, écaille de tortue.

**Pakarepotaro** *(mang.)*, croûte de terre, dans une plantation de taros.

**Pakarero** *(tuam.)*, poisson de mer *(Acanthurus humeralis* C. V.).

**Paketo** *(tuam.)*, plante rampante.

**Pakipaki** *(tuam.)*, méduse de grande taille (voisine du genre *Crambessa)*.

**Pako** *(tuam.)*, girelle, poisson de mer *(Julis quadricolor* Lesson).

**Pamuera** *(tah.)*, baleine.

**Panapana** *(tuam.)*, poisson *(Chætodon cornutus* L.).

**Paoa** *(nuh.)*, cétacés.

**Paoro** *(tah.)*, poisson de mer *(Cheilinus chlorurus)*.

**Paou** *(tah.)*, girelle, poisson de mer, voyez *pako*.

**Papaikea** *(tuam.)*, crabe du récif extérieur *(Grapsus cruentatus)*.

**Papaka** *(mang.)*, crabe.

**Pape** *(tah, nouveau)*, eau.

**Paraha** *(tah.)*, poisson de mer *(Chætodon ornatissimus* Sol.).

**Parahirahi** *(tuam.)*, héliotrope des îles coralliennes *(Heliotropium anomalum* Hook et Arn.).

**Parahua** *(tuam.)*, baleine (cétacé).

**Parai** *(tah.)*. poisson de mer *(Acanthurus humeralis* C. V.).

**Parakatiki** *(mang.)*, sole (poisson du récif).

**Parakiraki** (*tuam.*), ouest.

**Paraparahatiani** (*tah.*), poisson de mer (*Chœtodon unimaculatus* Bl.).

**Pararo** (*tah.*), acanthure (poisson de mer).

**Pararacia** (*tah.*, poisson (*Chœtodon reticulatus* C. V.).

**Paru** (*tah.*, *tuam.*), non général du poisson.

**Pata** (*tah.*), calandre du cocotier.

**Pate fee** (*tah.*), hameçon à poulpe.

**Patii** (*tah.*), sole (poisson).

**Patiki** (*tuam.*), voir *patii*.

**Patiotio** (*nuh.*), oiseau (*Monarcha nigra* Sparrm.).

**Peikea** (*mang.*), crabe.

**Peikeatonga** (*mang.*), crabe du littoral ; voir *papaikea*.

**Pepe** (*tah.*), papillon.

**Peretei** (*tah.*), grillon (insecte).

**Peti** (*tuam.*), poisson de mer (*Myripristis murdjan* Forsk.).

**Pia** (*tah.*, *mang.*, *nuh.*), *Tacca pinnatifida* Forster.

**Piao** (*tah.*), libellule.

**Piere** (*tah.*), bananes séchées.

**Pigao** (*mang.*), libellule.

**Pihiti** (*nuh.*), perruche bleue (*Coryphilus dryas* Gould).

**Pikuku** (*tuam.*), coquillage bivalve (*Cardium fragrum* L.).

**Pinako** (*Rarotonga*), libellule.

**Pipi** (*tuam.*), huître perlière à nacre jaune (*Margaritifera panasesae* Jam.).

**Piriaau** (*tah.*), coquillage comestible (*Acmaea costata* Sowb.).

**Piriakau** (*tuam.*), voir *piriaau*.

**Piripiri** (*tah.*), herbe (*Cenchrus echinatus* L.).

**Pita** (*tuam.*), gastéropodes marins (*Astralium petrosum* Martyn, *Sistrum*, etc ).

**Pitarauri** (*mang.*), coffre (*Ostracion cornutus* L.), poisson.

**Pohua** (*nuh.*), tridacne (Bénitier).

**Pokea** (*tuam.*), pourpier (*Portulaca oleracca*).

**Popo** (*tuam.*), balle en feuille de cocotier, pour les enfants.

**Popoti** (*tah.*), cancrelat.

**Popoti** (*tah.*), crustacé (*Remipes testudinarius*).

**Popotu** (*nuh.*), cancrelat.

**Potipoti** (*mang.*), crustacé de sable (*Remipes testudinarius*).

**Potipoti miti** (*tah.*), insecte de mer.

**Poreho** (*tah.*), porcelaines (Cyprées).

**Poreho** (*tah.*). hameçon à poulpe, fait avec des coquilles de porcelaines.

**Potipoti** (*maori*), talitre.

**Potou** (*nuh.*), chat.

**Pouna** (*nuh.*), araignée.

**Pu** (*tah.*), coquille de gastéropode de grande taille (Triton) servant de trompe.

**Pua** (*tah.*), *Fagrea Berteriana*.

**Pua** (*tah.*), pierre de corail tendre.

**Pua** (*tah.*), porc.

**Pueôe** (*mang.*), Gastéropode (*Terebra subulata* L.).

**Puhara** (*mang., tuam.*), pandanus.

**Puahuaru** (*tah.*), corail tendre utilisé pour râper les noix de coco.

**Puatea** (*tah.*), arbre de grande taille (*Pisonia umbellifera*).

**Puga** (*tuam.*), *Porites* (coralliaire).

**Pugapuga** (*tuam.*), poisson venimeux (synancée).

**Pugara** (*tuam. ancien*), *Porites* (Coralliaire).

**Pugataia** (*mang.*), étoile de mer.

**Pugaverevere** (*mang.*), araignée.

**Puhi** (*tuam. ancien. mang.*), murène, anguille de mer.

**Puhi huone** (*tah.*), murène (*Brachisomorphis crocodilinus* Bennett).

**Puhuki** (*tuam.*), violet.

**Puhuki** (*tuam.*), cénobite (*Cenobita clypeata*), Bernard l'ermite terrestre.

**Puka** (*tuam.*), arbre; voir *puatea*.

**Pukakana** (*tuam.*), madrépores branchus.

**Pukaokao** (*mang.*), gastéropode (*Terebra subulata* L.).

**Pukatea** (*tuam.*), arbre; voir *puatea*.

**Pukava** (*mang.*), coquillages (*Strombus urceus* L.).

**Pukava** (*nuh.*), coquillage.

**Pukaveevee** (*nuh.*), araignée.

**Punaveevee** (*nuh.*), araignée.

**Punionio** (*mang.*), gastéropodes de petite taille (*Cyprœa caput serpentis* L., *Cyprœa moneta* L., etc.).

**Punioniotaratara** (*mang.*), petits gastéropodes à coquille hérissée de pointes aiguës (*taratara*).

**Puooura** (*tah.*), panier pour pêcher des crevettes.

**Pupu** (*tah., tuam.*), nom qui désigne beaucoup de coquillages, surtout des gastéropodes.

**Pupuhailofe** (*tuam.*), porcelaine (*Cyprœa talpa.* L.).

**Pupu karearea** (*tuam.*), hameçon à poulpe ?

**Pupu nakonako** (*tuam.*), gastéropode (*Dolium perdix* L.).

**Pupu one** (*tah.*), cônes (coquillages de sable).

**Pupu tara** (*tah.*), gros gastéropode comestible (*Pterocera lambis* L.).

**Puputohekeokeo** (*tuam.*), *Terebra subulata* L.

**Puputoheroa** (*tuam.*), *Terebra subulata* L.

**Pupu vahine** (*tah.*), casque (coquillage de femme).

**Purau** (*tah.*), arbuste (*Hibiscus tiliaceus* L.).

**Purehua** (*tah.*), phalène (papillon).

**Puriri** (*tuam.*), noix de coco très jeune, sans eau.

**Putakoiko** (*mang.*), cône (*Conus hebraeus* L.), coquillage à ouverture (*puta*) tatouée (*koiko*).

**Putara** (*mang.*), *Pterocera lambis* L..

**Putarau** (*tuam.*), plante à fleurs rouges.

**Putararautonga** (*mang.*), gastéropode (*Pterocera rugosa* L.).

# R

**Rahukataa** (*mang.*), fougère (*Asplenium nidus* L.).

**Rairai** (*mang.*), bonite (*Thynnus pelamys* C. V.).

**Raki** (*tuam.*), ouest.

**Rakoa** (*mang.*), poisson de mer (*Upeneus macronemus* Lacépède).

**Râma** (*mang.*), noix de bancoul.

**Raparapakouerei** (*mang.*), pétiole de la feuille du cocotier.

**Rauoro** (*Reao*), bardeau en feuilles de pandanus.

**Reho** (*tah.*), coquille de cyprée (*Cypraea tigris* L.), utilisée pour enlever l'écorce du fruit à pain.

**Reva** (*tah., mang.*), apocynée (*Cerbera odollam* Gaertn.) à fruit vénéneux.

**Revareva** (*tah.*), rubans faits avec la cuticule des jeunes feuilles du cocotier.

**Rimu** (*tah., mang., tuam.*), algues, lichens.

**Roa** (*tah.*), plante textile (*Pipturus argenteus* Weddell).

**Rohurohu** (*tuam.*), crustacé comestible (*Ibacus*).

**Rokea** (*tuam.*), crustacé (*Parthenope horrida*).

**Roku** (*mang.*), (mot nouveau), rocouyer (*Bixa orellana*).

**Romaha** (*tah.*), plante textile (*Pipturus argenteus* Weddell) dont l'écorce était employée autrefois par les indigènes pour confectionner leurs lignes de pêche.

**Rori** (*tah.*), biche de mer (holothurie).

**Roro** (*mang.*). spathe de l'inflorescence du cocotier.

**Roromi** (*mang.*), crabe du littoral.

**Rotoru** (*Reao.*), ligne de pêche à trois brins.

**Ruhi** (*tah., tuam.*), carangue.

**Rukeruke** (*tuam.*), diacope (*Diacope gibba* Forsk.), poisson de mer.

**Rupe** (*nuh.*), *Serresius galeatus*.

**Rupe** (*tah.*), pigeon vert.

**Ruro** (*tah.*), martin-chasseur (*Todiramphus sacer*), oiseau sacré.

## T

**Ta** (*mang.*), poisson de mer (diacope).

**Taape** (*tah.*), diacope (*Diacope octolineata* C. V.).

**Tagutugutu** (*mang.*), poisson de mer ; voir *tamure*.

**Takaruru** (*tuam.*), poisson (*Chætodon cornutus* L.).

**Takurua** (*mang., tuam.*), Sirius, étoile très brillante.

**Tamanu** (*tah., mang.*), arbre de grande taille (*Calophyllum inophyllum*).

**Tamano** (*tuam.*). raie-aigle (*Aëtobatis*).

**Tamure** (*tah.*, *tuam.*), poisson de mer (*Pagrus unicolor* Q. G.).

**Tanae** (*tuam.*), noix de coco vidée, servant de calebasse.

**Tao** (*nuh.*), voir *taro*.

**Tapatapahiru** (*tuam.*), dactyloptère, poisson volant.

**Tapereta** (*tuam.*), raie-aigle (*Aëtobatis narinari* Euph.).

**Tapiro** (*tuam.*), poisson de mer (*Cheilinus*).

**Tapotapo** (*tah.*), pomme-cannelle.

**Taramea** (*tuam.*), poisson venimeux.

**Tarao** (*tah.*), poisson de roches (*Serranus hexagonatus* C. V.) dont la chair est excellente.

**Tarapapa** (*tah.*), hirondelle de mer (*Gygis alba* Sparrm.)

**Tariaiore** (*tah.*), champignon comestible (*Auricularia auricula Judae* L.) exporté en Chine sous le nom de *fungus*.

**Taro** (*tah.*, *mang.*), plante à rhizome alimentaire (*Colocasia antiquorum* Schott.).

**Tata** (*Reao*), écope pour vider l'eau de la pirogue.

**Tataraihau** (*tuam.*, *tah.*), poisson venimeux (*Pterois volitans* C. V.).

**Tatare** (*tah.*), oiseau chanteur (*Tatare longirostris* Gmel.).

**Taumataroa** (*tah.*, *tuam.*), requin marteau (*Zygaena malleus* L.).

**Taurua** (*tah.*), Sirius, étoile.

**Tava** (*mang.*), arche (*Arca Helbingi*), mollusque.

**Tavae** (*tah.*), paille-en-queue (*Phaëton aethereus*).

**Tavake** (*tuam.*), paille-en-queue à brins rouges (*Phaëton rubricauda*).

**Tavake**, paille-en-queue à brins blancs.

**Tavake uaka** (*mang.*), paille-en-queue à brins rouges.

**Tavere** (*tuam.*), (mot nouveau), murène.

**Tegatega** (*tuam.*), pseudoscare, poisson perroquet.

**Tekau** (*mang.*), îlot corallien, à peine élevé au-dessus du niveau de la mer; voyez *motu*.

**Tero** (*tuam.*), poisson de mer (*Lutjanus bohar* Forsk.).

**Teruna** (*tuam.*), plante rampante.

**Ti** (*tah.*), *Dracœna terminalis.*

**Tiairi** (*tah.*), bancoulier.

**Tianee** (*tah.*), crustacé comestible (*Ibacus*).

**Tiare** (*tah.*), Gardenia de Tahiti.

**Tiatiauri** (*tah.*), remora ou poisson pilote (*Echeneis remora*).

**Tiere** (*tah.*), poisson de mer (*Holocentrum tiere* C. V.).

**Tifai** (*tuam.*), tortue de mer (*Chelone mydas* L.).

**Tima** (*tuam.*), pandanus.

**Tinatore** (*tah.*), serpent de mer (*Hydrus platurus* L.).

**Tio** (*tah.*) huître comestible (*Ostrea*).

**Tio** (*mang.*), gastéropode comestible (*Vermetus maximus* Reeve), abondant sur le récif extérieur des îles coralliennes.

**Tipanie** (*tah.*, *mang.*), frangipanier (*Plumiera alba*), arbrisseau à fleurs très odorantes, originaire de l'Amérique tropicale.

**Tipoti** (*mang.*), crabe de sable (*Calapa tuberculata* Fabr.).

**Tira** (*tah.*), lilas de Chine (*Melia azedarach* Linné).

**Titiriri** (*tuam.*), poisson de mer (serran).

**Tivivi** (*tuam.*), cônes (mollusques).

**To** (*tah.*, *mang.*, *nuh.*), canne à sucre.

**Toa** (*mang.*, *nuh.*, *tah.*), bois de fer (*Casuarina equisetifolia*).

**Toake** (*nuh.*), paille-en-queue à brins blancs (*Phaëton œthereus* L.).

**Toau** (*tah.*), poisson de mer (*Lutjanus bohar* Forsk.).

**Toerau** (*tah.*), nord.

**Toetoe** (*tah.*), crabe (grapse).

**Toga** (*mang.*), sud; vent du sud; habit en mûrier à papier (le vent du sud, *Tonga*, était habillé de feuilles de mûrier à papier).

**Toghiti** (*tuam.*), sauterelle.

**Tohara** (*tah.*), baleine.

**Tohonu** (*tah.*), arbuste (*Tournefortia argentea* L.) de la famille des Borraginées.

**Tohuhu** (*nuh.*), légumineuse (*Tephrosia purpurea* Pers.). employée pour anesthésier le poisson.

**Toka** (*mang.*), corail.

**Tokakura** (*tuam.*), stylaster (Hydrocoralliaire, corail rouge).

**Tokerau** (*tuam.*), nord.

**Tonu** (*tah.*), poisson de mer (*Serranus myriaster* C. V.).

**Torea** (*mang.*, *tah.*, *tuam.*), chevalier (*Actitis incanus* Gmelin), oiseau des plages.

**Toroire** (*tah.*), arbre introduit d'Amérique (*Leucaena Forsteri*).

**Torotoro** (*tuam. ancien*), cénobite.

**Torotoroeke** (*mang.*), gastéropode (*Cassis vibex* L.).

**Totakitahi** (*Reao*), corde ronde, à deux brins.

**Totara** (*tah.*), poisson à carapace épineuse (*Diodon*).

**Toti** (*tuam.*), cénobite (*Cenobita perlata* Edw.).

**Totoviri** (*tuam.*), orphie (*Belone*), poisson à bec très allongé, qui s'élance, la nuit, au-dessus de l'eau et produit des blessures très dangereuses quand son bec s'enfonce dans le corps du pêcheur.

**Tou** (*tah.*), grand arbre (*Cordia subcordata*, Borraginées).

**Toueea** (*tah.*), poisson de mer (*Pempheris otaitensis* C. V.).

**Tuga** (*mang.*), ver de la canne à sucre (larve de calandre).

**Tuiahotaporahu** (*Reao*), capuchon fait avec des feuilles du pandanus.

**Tukau** (*mang.*), byssus de l'huitre perlière.

**Tuke a Maui** (*maori*), ceinture d'Orion (constellation).

**Tumatatoka** (*mang.*), chame, mollusque comestible (*tumata*, pousser; *toka*, corail; qui pousse au milieu des coraux).

**Tumueri** (*mang.*), pied de cocotier.

**Tumurama** (*mang.*), bancoulier.

**Tuna** (*tah.*), anguille d'eau douce.

**Tunatore** (*tah.*), anguille de mer.

**Tunatore** (*tuam.*), syngnathe, poisson de mer.

**Tunapu** (*tah.*), anguille d'eau douce, qui vit dans l'eau très profonde.

**Tupa** (*tah.*, *tuam.*), crabe terrestre.

**Tupapa** (*mang.*), arbrisseau des îles basses coralliennes (*Pemphis acidula* Forster).

**Tupere** (*tah.*), mollusques bivalves (*Venus reticulata* L., *Lucina divergens* Philippi).

**Tupereatotatota** (*mang.*), mollusque (*Pecten pallium* L.).

**Turei** (*tuam.*), ce mot, mis avant le nom du fruit, désigne l'arbre qui produit ce fruit; il correspond au mot tahitien *tumu*.

**Tutaro** (*tuam.*), *Balistes*, poisson de mer.

**Tutiri** (*tuam.*), Echinoderme (*Culcita*), oreiller de mer.

**Tutua** (*tuam.*), marsouin (cétacé).

**Tutua** (*tah.*), puce (insecte).

**Tutuau** (*tah., tuam.*), gros crabe du récif extérieur (*Carpilius convexus* Forskäl).

**Tutufau** (*tah.*), voyez *tutuau*.

**Tutui** (*tah.*), bancoulier.

**Tutuke** (*tuam.*), coffre (*Ostracion cornutus*), poisson de mer.

**Tutupa** (*mang.*), gros crabe; voir *tutuau*.

**Tuto rahonui** (*tah.*), araignée.

**Tutururu** (*tuam.*), pigeon noir des îles Tuamotu (*Phlegoenas pectoralis* Peale).

# U

**Uà** (*tah.*), cénobite, Bernard l'ermite terrestre.

**Uahao** (*tah.*), fou (oiseau de mer).

**Uà vahi haari** (*tah.*), crabe des cocotiers.

**Uea** (*tah.*), courlis.

**Uga** (*mang.*), cénobite (*Cenobita perlata* Edw.).

**Uga kagakaga** (*tuam.*), cénobite (*Cenobita clypeata*).

**Uga puhuki** (*tuam*), cénobite (*puhuki*, violet).

**Ugauga** (*tuam.*), vermet à tube noir (mollusque du récif).

**Uhi** (*tah. ancien*), huître perlière.

**Uhi** (*tah.*), igname.

**Uhu** (*tah.*), pseudoscare, poisson perroquet.

**Ume** (*tah.*), poisson de mer (*Nason fronticornus*).

**Uouo** (*tah.*), mollusque comestible (*Vermetus maximus* Reeve).

**Upai** (*tah.*), gros crabe comestible (*Scylla serrata*).

**Upe** (*nuh.*), pigeon (*Serresius galeatus* Bp.).

**Ura** (*mang.*), espèce de langouste.

**Uravena** (*tah.*, *tuam.*), poisson de très grande taille (*Ruvettus pretiosus* Cocco).

**Uri** (*tah.*), chien.

**Uri** (*tah.*), remora, poisson pilote.

**Uri aiava** (*tah.*). phoque.

**Uriri** (*tah.*), pluvier (*Charadrius fulvus* Gmel.), oiseau des plages.

**Uru** (*tah.*), arbre à pain (*Artocarpus incisa*).

**Uru maohe** (*tah.*), *Artocarpus integrifolia*.

**Uto** (*tah.*), noix de coco germée.

**Utu** (*tah.*), pou (insecte).

**Utuura** (*tuam.*), poisson de mer ; voy. *oeo*.

**Uu** (*tah.*), modiole (*Modiola australis* Gray), mollusque comestible.

**Uupa** (*tah.*), pigeon vert (*Ptilinopus purpuratus* Gmelin).

# V

**Vai** (*tah. ancien*), *mang.*, *Reao*), eau.

**Vaiti** (*tuam.*), chétodonte, poisson de mer.

**Vaka** (*tuam.*), pirogue.

**Vana** (*tah.*), oursin (*Echinothrix turcarum*) dont les piquants produisent une blessure douloureuse.

**Vanatoa** (*nuh.*); voy. *vana*.

**Varo** (*tah.*, *mang.*), squille, crustacé comestible.

**Varo** (*tuam.*), fond de sable calcaire très fin.

**Vava** (*tah.*), harpe (Gastéropode).

**Vava** (*tah.*), phasme (insecte).

**Vavao** (*tah.*), noix de coco sans eau.

**Veki** (*tuam.*), poulpe.

**Veri** (*tuam.*), annélides marines (Amphinomes) à soies très urticantes.

**Veri** (*mang. tah.*), scolopendre (*Scolopendra subspinipes* Leach.).

**Veve** (*tuam.*), poisson de roche (*Serranus hexagonatus* Forster).

**Vi** (*tah.*), pomme cythère.

**Viavia** (*tuam.*), jeune noix de coco, dont l'eau est bonne à boire.

**Vini** (*tah.*), perruche (*Coriphilus taitensis* Gmelin).
**Vi papaa** (*tah.*), manguier.
**Vivi** (*tuam.*), libellule.

## Division du temps chez les anciens Polynésiens

L'année était divisée en douze mois chez les Tahitiens, les Paumotu et les Mangaréviens.

| Noms des mois tahitiens | Noms des mois paumotu | |
|---|---|---|
| Paroro mua | Paroro mua | Mai-juin. |
| Paroro muri | Paroro muri | Juin-juillet. |
| Muriaha | Muriha | Juillet-août. |
| Hiaia | Higaia | Août-septembre. |
| Tema | Hiriga | Septembre-octobre. |
| Teori | Kauhune | Octobre-novembre. |
| Tetai | Vaitua | Novembre-décemb. |
| Avarehu | Orepo | Décembre-janvier. |
| Faaahau | Hakahu | Janvier-février. |
| Pipiri | Opipiri | Février-mars. |
| Taaoa | Pahoka | Mars-avril. |
| Aununu<br>Apaapa | } Manu | Avril-mai. |

## Division du temps (jours de la lune)

| Tahitien | Tuamotu | Mangarévien |
|---|---|---|
| 1 Ohirohiti | Ohiro | Maeâma tahi |
| Hoata | O hoata | — rua [2] |
| Hami-ami-mua | Hania tahi [1] | — toru [3] |
| Hami-ami-roto | Hania ro'o [2] | — riro [4] |
| Hami-ami-muri | Hania fakaoti [3] | Korekore tahi [4] |
| Oreore mua [4] | Nakore tahi [4] | — rua |

1. *Tahi*, premier.
2. *Roto*, moyen ; *rua*, second.
3. *Fakaoti*, fini ; *toru*, troisième.
4. *Oreore*, *nakore*, *Korekore*, négation ; *riro*, quatrième.

| Tahitien | Tuamotu | Mangarévien |
|---|---|---|
| Oreore muri | Nakore roto | — toru |
| Tamatea | Nakore fakaoti | — kaha |
| Ohuna | O Tamatea<br>O huna | Oâri |
| Oari | O vari | Ohûma |
| Omaharu | O maharu | Omaharu |
| Ohua | O hua | Ohuâ |
| Omaitu | O maitu | Oetuâ |
| Ohutu | O Hotu | Ohôtu |
| Omarae *(Tema-<br>rama ati)* | O maragi | Omaûre (Pl. lune) |
| Oturu tea | Oturu, Paoro | Otûru |
| Raau mua | Rakau tahi | Orakâu |
| Raau roto | Rakau roto | Omotohi |
| Raau muri | Rakau fakaoti | Korekoretahi |
| Oreore mua | Nakore tahi | — rua |
| Oreore roto | Nakore roto | — toru |
| Oreore muri | Nakore fakaoti | — riro |
| Taaroa mua | Na Tagaroa tahi | Vehi tahi |
| Taaroa roto | Na Tagaroa roto | — rua |
| Taaroa muri | Na Tagaroa fakaoti | — toru |
| O Tane | | — riro |
| O Roomie | Horogonui | Otâmu |
| O Roomaori | Horogomaori | Omoûri |
| O mutu | Maorikero[1] | Ohoâta |
| 30 O Terieo | Tinaitepo | Tunui (nouv. lune.) |
| | Otipi | |

## Rose des vents

Les Maoris, peuple essentiellement navigateur, ont des noms particuliers pour chacun des vents qui soufflent dans ces régions ;

1. *Kero*, corbeille en folioles de cocotier.

nous croyons utile de donner ici les renseignements que nous avons recueillis à ce sujet.

| Mangarévien[1] | Tuamotu | Tahitien | |
|---|---|---|---|
| Tokorau | Tokerau | Toerau | Nord. |
| Tonga | Tonga | Toa, apatoa | Sud. |
| Moake | Tonga tahi | Hamuri | Est. |
| Tiu | Parakiraki | Arueroa | Ouest. |
| Akarua | Maoake | Maoae | Nord-est. |
| Parapu | Tokerau ma-ehaa | Apatoerau | Nord-ouest. |
| Maragai | Muriroa | Maraái, maráamu | Sud-est[2]. |
| | Manavai | Ruahine, anahoa. | Sud-ouest. |
| [3]Akarua patokorau | Pafaite ou Fakaite. | | Nord-nord-est. |
| Akarua pamoake | Maoake | Maoae | Est-nord-est. |
| Parapu patokorau | | | Nord - nord-ouest. |
| Parapu patiu | | | Ouest - nord ouest. |
| Maragai pamoake | | | Est-sud-est. |
| Maragai patonga | | | Sud-sud-est. |
| Uru patiu | | | Ouest-s.-ouest. |
| Urupatonga | | | Sud-sud-ouest. |

1. Nous devons les noms mangaréviens des vents à l'obligeance du R. P. Ferrier Janeau.

2. Ce vent est celui qui souffle le plus habituellement dans les îles polynésiennes.

3. *pa*, placé entre les noms de deux vents signifie *qui touche à*, ou *voisin de*.

## Ouvrages à consulter

CHEESEMAN. — *The flora of Rarotonga. Transact. Linn. Soc.*, vol. VI, p. 261-313. London 1903.

CUZENT. — Taïti. Paris, 1860.

DRAKE DEL CASTILLO. — *Flore de la Polynésie française.* Paris, 1896.

JARDIN (E.). — *Histoire naturelle des îles Marquises.* 1862.

JAUSSEN (Tepano). — *Grammaire et dictionnaire de la langue maorie.* Paris.

GAUSSIN (P.-L.-J.-B.). — *Du dialecte de Tahiti, de celui des îles Marquises et en général de la langue polynésienne.*

LESSON (P.-A.). — *Voyage aux îles Mangareva (Océanie).* Rochefort, 1845; 164 p.

NADEAUD. — *Plantes usuelles des Tahitiens.*

TREGEAR (E.). — *Polynesian Dictionary.* Wellington, N. Z. 1891.

L.-G. SEURAT,
Docteur ès sciences.